Mis Primeras Lecciones: Piano para Niños

Primer Libro

por VÍCTOR M. BARBA

Editor del proyecto: Felipe Orozco

Los derechos de autor de este libro
pertenecen a Amsco Publications © 2005
Una división de Music Sales Corporation, Nueva York

Número de pedido AM 979506
International Standard Book Number: 0.8256.2889.X

Distribuidores exclusivos:
Music Sales Corporation
257 Park Avenue South, New York, NY. 10010 USA
Music Sales Limited
8/9 Frith Street, London W1D 3JB England
Music Sales Pty. Limited
120 Rothschild Street, Rosebery, Sydney, NSW 2018, Australia

Impreso en Singapore por Tien Wah Press

EXCLUSIVELY DISTRIBUTED BY

HAL•LEONARD®

AL ESTILO
EASY MUSIC

Contenido

Primeras palabras

Vuelva a poner el CD, y ahora que el niño o la niña lea y diga con su voz, los nombres de las notas al mismo tiempo y al mismo ritmo que la canción en el CD, como si fuera solfeo hablado.

Por último, comenzará a tocar lentamente cada una de las notas con los dedos correctamente y la mano en la posición adecuada. Hasta que toque la canción igual que en el CD, y al mismo tiempo.

Si usted hace estos pasos y logra que su niño o niña estudie por lo menos media hora diaria, logrará avanzar rapidamente y le garantizamos que su hijo se lo agradecerá de por vida.

Felicidades por comenzar a recorrer el camino de la música con este sistema de aprendizaje de *Easy Music* y a través del piano, uno de los instrumentos más bellos.

Víctor M. Barba

Este libro es el principio de una carrera muy bella. Si a su hijo le gusta tocar piano, entonces este es el mejor regalo que le podrá ofrecer, porque no solo le enseñará a tocar el piano, si no que le dará una disciplina y un desarrollo intelectual que le ayudarán para toda la vida.

Para sacar el mayor provecho de este libro, haga que su niño o niña escuche la canción tocada en el CD, sólo con el piano.

Después trate de escuchar la canción otra vez siguiendo las notas con los ojos y sus deditos, como si estuviera leyendo letra por letra en español.

A continuación haga que su hijo o hija diga en voz alta el nombre de cada una de las notas.

Las manos

Para tocar el piano se usan las dos manos, y estos son los números de los dedos de las manos.

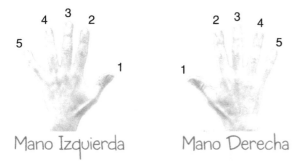

Mano Izquierda   Mano Derecha

Pentagrama

El pentagrama es donde se escribe la música. Son 5 líneas y 4 espacios. La línea de abajo es la número 1.

Clave de SOL

La clave de SOL se usa para saber el nombre de las notas. Las notas agudas se escriben en la clave de SOL.

Clave de FA

La clave de FA también se usa en el Piano. Las notas graves se escriben en la clave de FA.

Compás

Para escribir la música en el piano, se usan las dos claves y se ponen dos pentagramas juntos, de esta forma.

La música se divide por compases y para eso se ponen barras de compás.

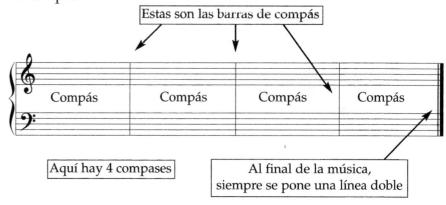

Las notas se escriben en el pentagrama, y la música se divide por compases. Estas son algunas notas que vas a usar:

El teclado

El piano tiene un teclado, con teclas blancas y negras.
Tiene muchas notas, y grupos de 2 y 3 negras.

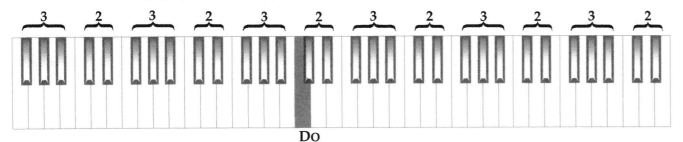

DO

La primera nota que vas a aprender
es la nota de DO. El DO central.

El tiempo

Para medir el tiempo se tiene que contar usando la numeración común. En este caso es 4 notas en un compás, cada nota vale una negra.

El número en el CD

Si vés este dibujo
Aprieta ese número en el CD para oir la música.

DO es la tecla blanca que está al lado izquierdo del grupo de 2 notas negras. Tócala con el dedo gordo de la mano derecha.

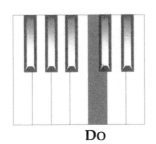

DO

RE es la tecla blanca que está en medio del grupo de 2 notas negras, y la tocas con el dedo 2 de tu mano derecha.

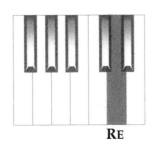

RE

SI es la tecla blanca que está al lado derecho del grupo de 3 notas negras, y la tocas con el dedo índice de tu mano izquierda.

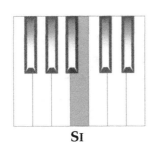

SI

- Lee las notas de una por una a tiempo.
- Usa la letra para que aprendas a cantarla.
- Toca cada canción, cuando menos 3 veces.
- Canta la canción junto con el CD.

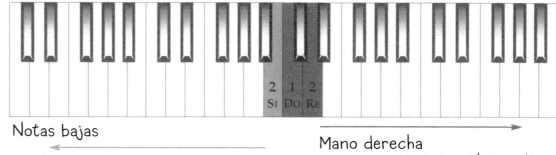

Notas bajas

Mano derecha

Mano izquierda

Notas altas

Para empezar

En esta canción hay solo dos notas, estoy seguro que la vas a tocar muy bonito.

Yo me llamo Do
Do, Si, Do, Si, Do
que bonito Do
Do, Do, Do, Si, Do

Yo soy Re
Si, Si, Re
que bonito Do
Do, Si, Do, Si, Do

Me llamo DO

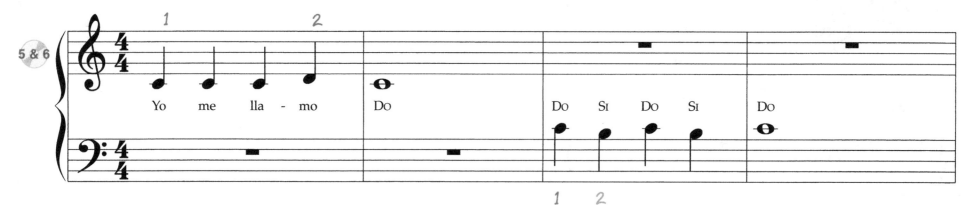

Yo me lla - mo Do

Do Si Do Si Do

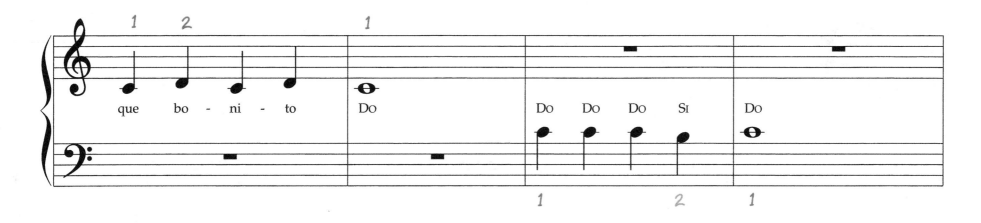

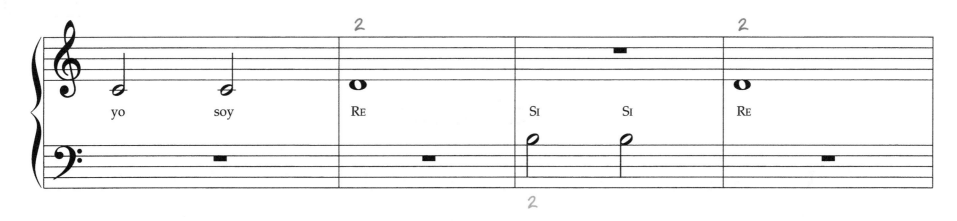

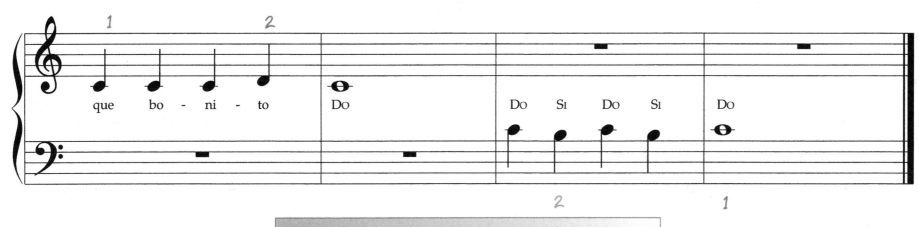

• Toca con los dedos curveados y usa los dedos correctos.

MI es la tecla blanca que está al lado derecho del grupo de 2 notas negras, y se toca con el dedo 3 de tu mano derecha.

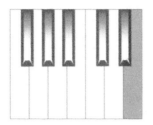

MI

LA es la tecla blanca que esta en medio del grupo de 3 notas negras, al lado derecho, y se toca con el dedo 3 de la mano izquierda.

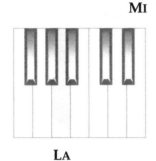

LA

Una simple canción

Volúmen

El volúmen se marca con letras, y las palabras vienen del idioma italiano.

p = Piano = Volúmen bajito

f = Forte = Volúmen fuerte

Compás de tres tiempos ($\frac{3}{4}$)

En lugar de usar 4 notas en un compás, o su equivalente usamos tres notas o su equivalente.

Cuenta así: *1 ... 2 ... 3 ...*   *1 ... 2 ... 3 ...*   *1 ... 2 ... 3 ...*

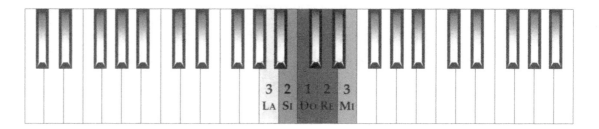

¾ Este es otro tipo de medida en la música.
Tres notas negras en cada compás.
También puedes usar una blanca con puntito.

3 2 1 2 3
LA SI DO RE MI

Yo solo quiero
reír
yo ya no quiero
llorar

solo reír
y no llorar
reír.

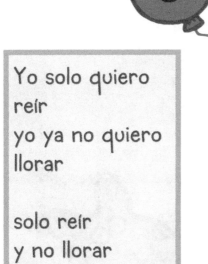

Solo quiero reír

Moderato

10 & 11

Yo so - lo quie - ro re - ír yo ya no

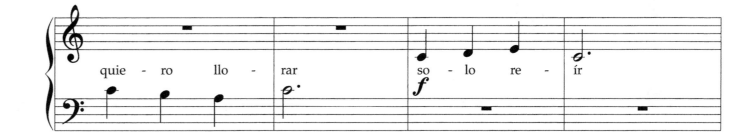

quie - ro llo - rar so - lo re - ír

y - no llo - rar re - ír

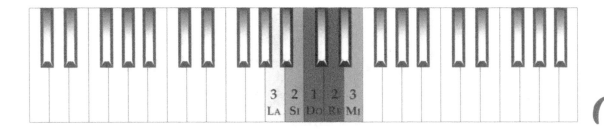

Mi perrito Chihuahua

Mi perrito Chihuahua
que bonito me ladra

Gua gua gua
gua gua gua
rruff rruff

Mi perrito Chihuahua

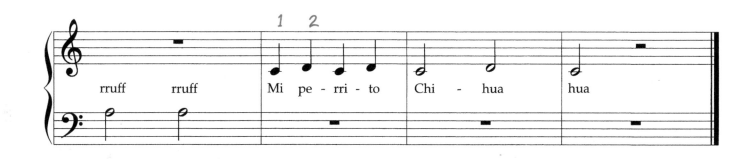

FA es la tecla blanca al lado derecho del grupo de 3 notas negras, y se toca con el dedo 4 de la mano derecha.

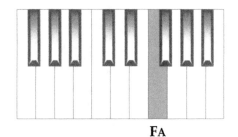

FA

SOL es la tecla blanca, en medio del grupo de 3 notas negras, al lado izquierdo. Y se toca con el dedo 4 de la mano izquierda.

SOL

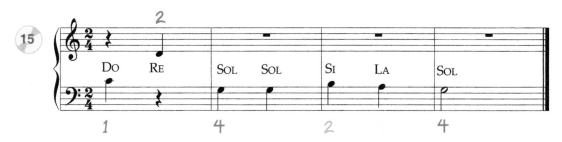

Melodía dulce

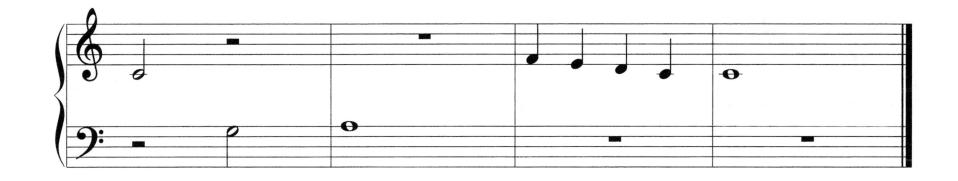

Silencios

En la música el silencio también cuenta, hay varios tipos de silencios.

▬	4 tiempos	Se pone por debajo de la cuarta línea
▬	2 tiempos	Se pone arriba de la tercera línea
𝄽	4 tiempos	Se pone en medio del pentagrama

mf   Mezzoforte = No tan fuerte

mp   Mezzopiano = No tan bajito

De paseo voy al sur
a jugar al sur
jugaré, brincaré
solo en el sur.

Muy feliz, jugaré
de paseo voy al sur
voy al sur.

De paseo voy al sur

Moderato

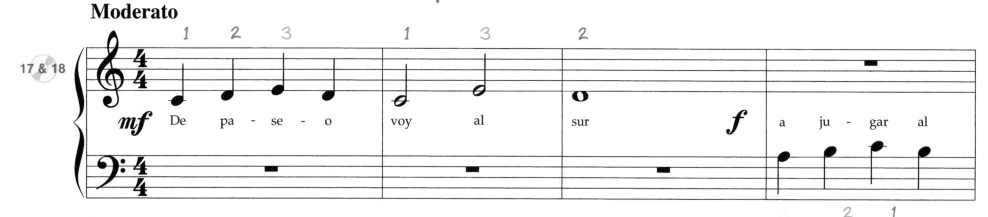

17 & 18

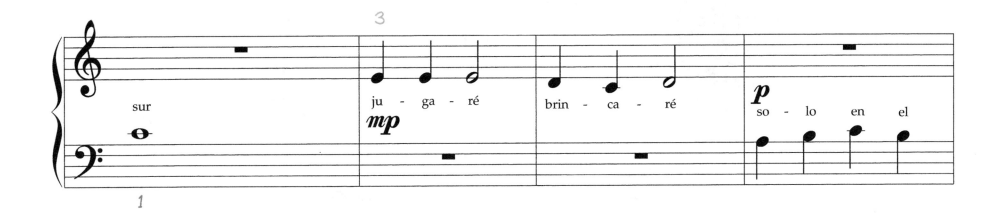

No se te olvide hacer cada canción primero en forma de Solfeo, y tocarlas todas junto con el CD.

14

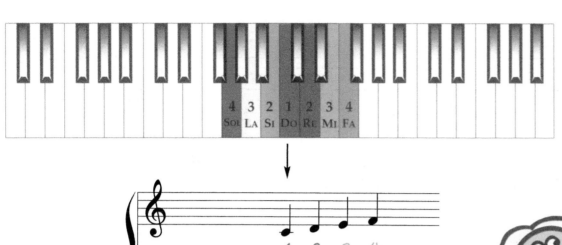

4 3 2 1 2 3 4
SOL LA SI DO RE MI FA

- Apréndete de memoria todas las notas que ya conoces y tocalas en el piano.

- Ligadura de fraseo.
Es una línea curveada que se usa para separar las frases musicales.

1 2 3 4

4 2 1

Me llamo FA
me dicen SOL
y su amiguito yo soy

SOL, DO, SOL, DO
su amigo yo soy.

Amiguitos

Rapidito

1 2 3 4

Me lla - mo FA me di - cen SOL

19 & 20

1 2 4

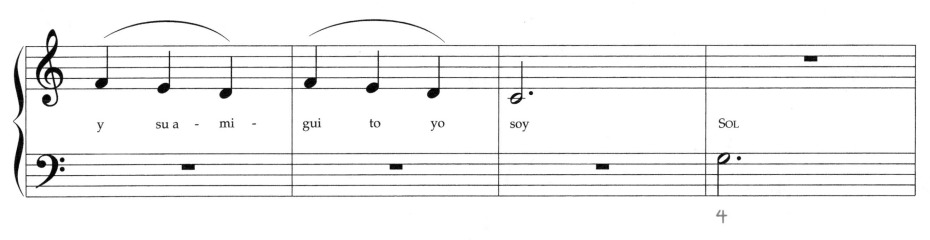

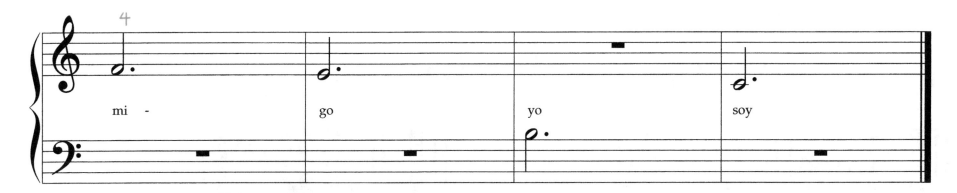

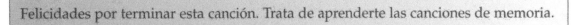

SOL es la tecla blanca al lado izquierdo del grupo de 3 notas negras, y se toca con el dedo 5 de la mano derecha.

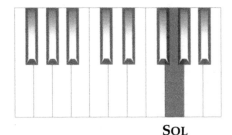

SOL

FA es la tecla blanca, al lado izquierdo del grupo de 3 notas negras, y se toca con el dedo 5 de la mano izquierda.

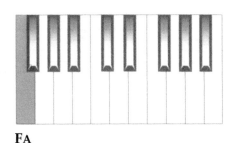

FA

21 DO RE MI FA SOL SOL

22 DO SI LA SOL FA FA FA LA DO

5 notas de la mano izquierda

Por fin llegamos a las primeras 5 notas que debes de saber leer y tocar muy bien con tu mano izquierda. Usa los 5 dedos en su lugar correcto.

23

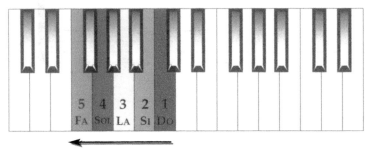

5 4 3 2 1
FA SOL LA SI DO

5 notas de la mano derecha

Por fin llegamos a las primeras 5 notas que debes de saber leer y tocar muy bien con tu mano derecha. Usa los 5 dedos en su lugar correcto.

24

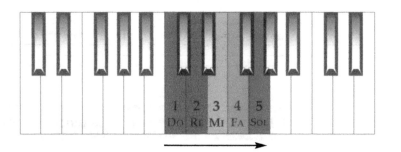

1 2 3 4 5
DO RE MI FA SOL

Junto a ti

25

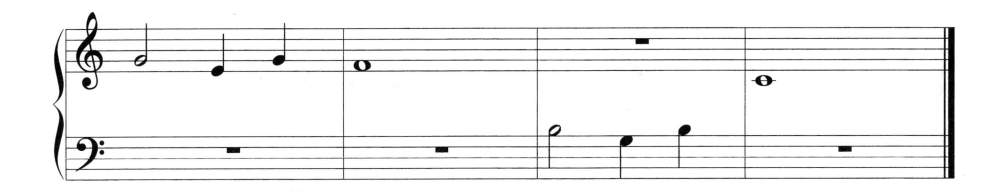

Cinco amigos

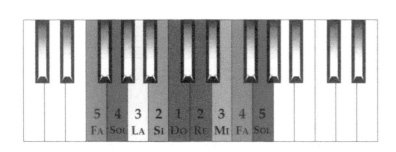

Mi amiga la lluvia

Tlick tlick tlick
veo la lluvia
por mi ventana

Como
cae
despacito

Veo la lluvia
tlick tlick tlick
por mi ventana.

No tan rápido

Tlick   tlick   tlick   ve - o   la   llu - via

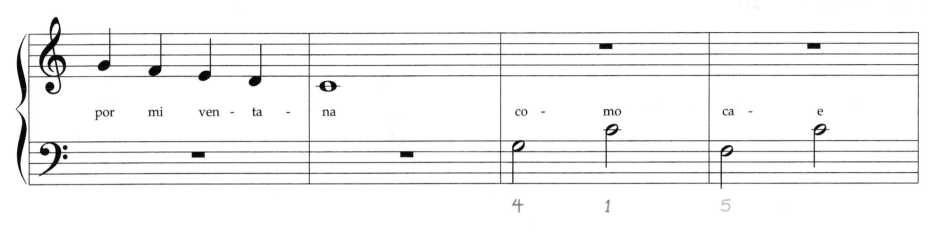

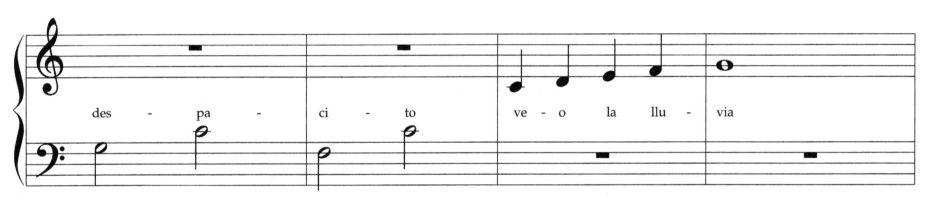

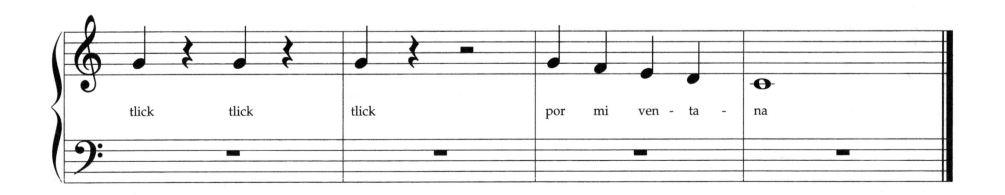

Las corcheas

Las corcheas son las notas negras con una colita.

Dos corcheas valen lo mismo que una negra

Corcheas

- Dos corcheas se tocan en el mismo tiempo que una negra.

- La colita de la corchea, se llama plica, y puede estar para arriba o para abajo.

La plica puede estar para abajo o para arriba

Cuando hay 2 corcheas o más de dos seguidas, se les pone una barrita para unirlas.

29

Paso a pasito
voy aprendiendo
con las notitas
y escaleritas

Yo aprenderé
con esta canción
que bonita escalerita si
yo la tocaré todos los dias

Si si si, si si si
si que si, que si.

Paso a pasito

Un poco lento

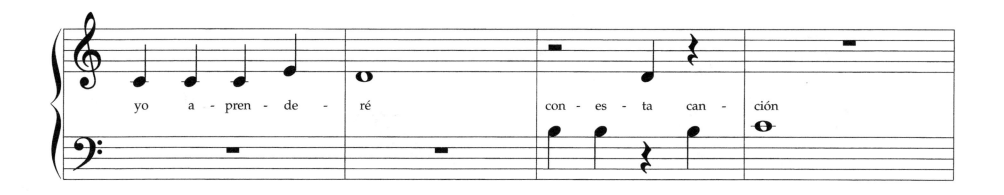

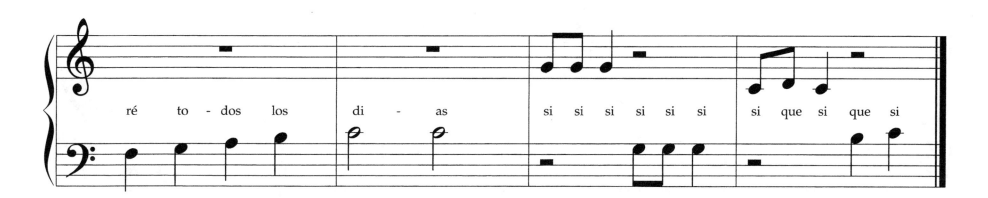

Ahora si ya eres todo un buen pianista, verdad que si? Felicidades por llegar hasta esta canción.

Mi ranita

Mi ranita
croak croak croak
le gusta jugar así

Siempre hace
croak croak croak
cuando va a jugar así

Yo la quiero
croak croak croak
croak croak
croak croak croak

Moderado

32 & 33

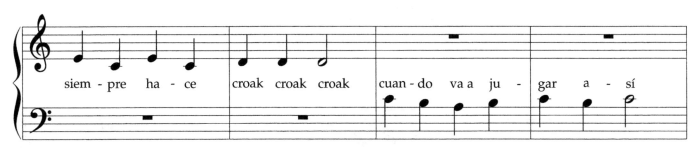

Mi ra - ni - ta | croak croak croak | le gus - ta ju - gar a - sí

siem - pre ha - ce | croak croak croak | cuan - do va a ju - gar a - sí

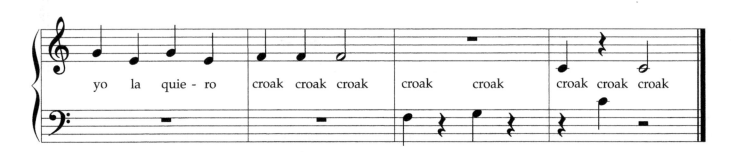

yo la quie - ro | croak croak croak | croak croak | croak croak croak

Dos tiempos

En este compás usas 2 notas negras, o su equivalente.

Cuenta así: *1 ...*   *2 ...*   *1 ...*   *2 ...*

Me gusta brincar

Rapidito

Brin - co   brin - co   des - pa - ci - to   brin - co   brin - co

sin - pa - rar   brin - ca - ré sin pa - rar brin - ca - ré sin pa - rar

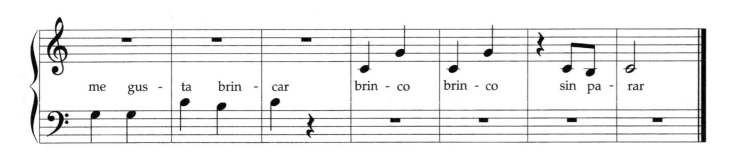

me - gus - ta brin - car   brin - co   brin - co   sin pa - rar

Brinco, brinco
despacito
Brinco, brinco
sin parar

Brincaré
sin parar
brincaré
sin parar

Me gusta
brincar
brinco, brinco
sin parar

24

Juega juega mi gatito
juega sin parar
con saltitos y brinquitos
juega conmigo.

Brinca, brinca
es mi gatito
brinca si, salta ya
huy que bonito.

Gatito juguetón

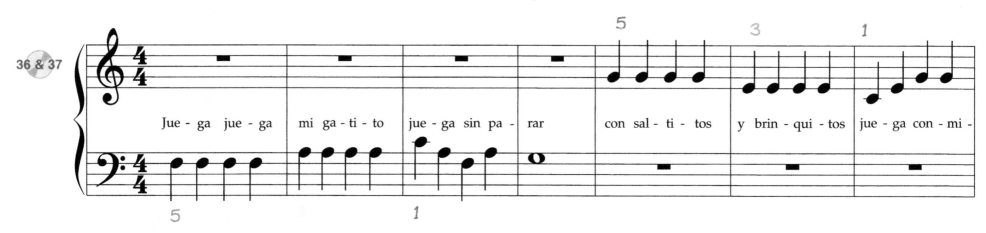

Jue - ga jue - ga mi ga - ti - to jue - ga sin pa - rar con sal - ti - tos y brin - qui - tos jue - ga con - mi -

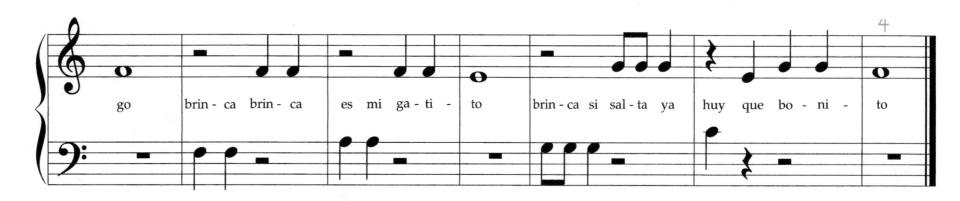

go brin - ca brin - ca es mi ga - ti - to brin - ca si sal - ta ya huy que bo - ni - to

Mi lindo piano

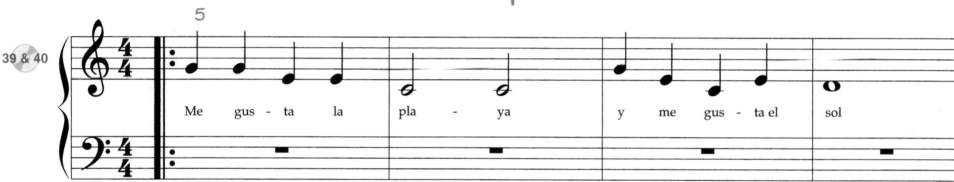

Me gusta la playa, y me gusta el sol
con sus olas grandes, cuando hace calor

En las vacaciones, voy a ir al mar
Con mis amiguitos, yo voy a jugar

La playa

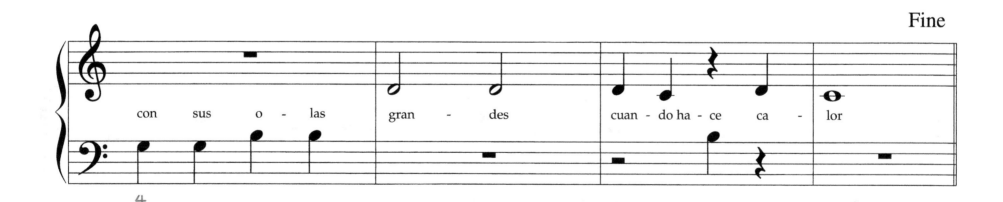

39 & 40

Me gus - ta la pla - ya y me gus - ta el sol

Fine

con sus o - las gran - des cuan - do ha - ce ca - lor

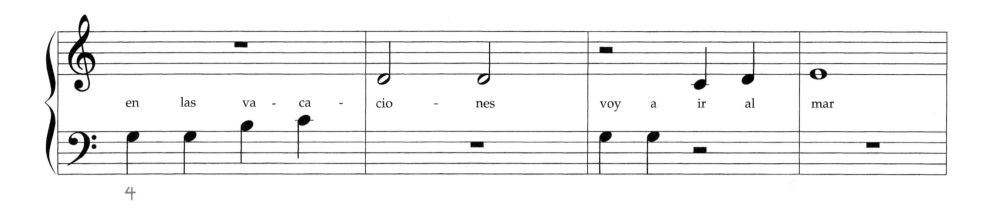

en las va - ca - cio - nes voy a ir al mar

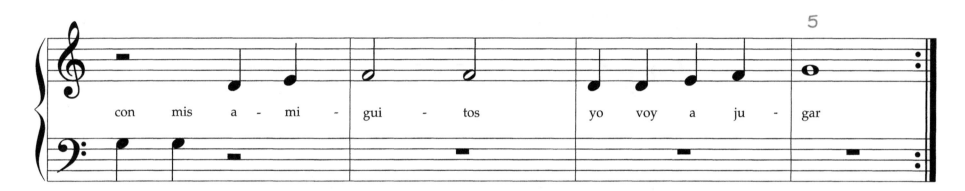

con mis a - mi - gui - tos yo voy a ju - gar

Ya llegó la hora de dormir, si si si
Ya llegó la hora de dormir, si si si
Ya llegó la hora de dormir
Hay que dormir, a dormir.

Ya llegó la hora de dormir

Que bonita canción
del adiós
ya con esta
me despediré

Soy feliz porque
ya aprendí
a tocar esta
canción del adiós

La canción del adiós

Que bo - ni - ta can - ción del a - diós ya con es - ta

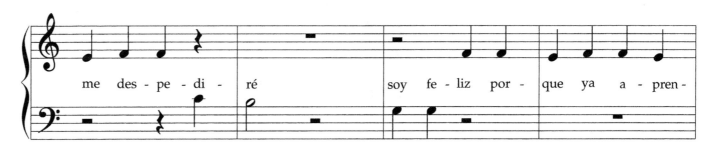

me des - pe - di - ré soy fe - liz por - que ya a - pren -

dí a to - car es - ta can - ción del a - diós

- Cuando veas este símbolo:

8va-----------------

Tocas las mismas notas, pero una octava más alta.

- Y si ves este otro símbolo:

8va-----------------

Tocas las mismas notas, pero una octava abajo.

Así es la octava

Con esta canción, cantando me voy
quiero que me escuchen, que bonita mi canción
mirenme, oh si, soy feliz, lo sé, mirenme
que bonita mi canción, soy feliz, soy muy feliz.

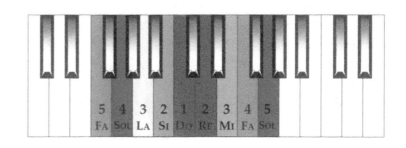

Soy muy feliz

Certificado

de reconocimiento

Felicita a

_____

Por haber terminado exitosamente el curso de Easy Music Piano Infantil – Primer Libro Y certifica que está listo para continuar estudiando el curso de Easy Music Piano Infantil – Segundo Libro

_____   _____
Maestro   Fecha